Impressum
Verlag: BABADADA GmbH, Nedderfeld 112 , 22529 Hamburg
Geschäftsführer / Verlagsleitung: Harald Hof
Druck: Books on Demand GmbH, In de Tarpen 42, 22848 Norderstedt

Imprint
Publisher: BABADADA GmbH, Nedderfeld 112 , 22529 Hamburg, Germany
Managing Director / Publishing direction: Harald Hof
Print: Books on Demand GmbH, In de Tarpen 42, 22848 Norderstedt, Germany

mokykla
škola

dalinti
deliť

186/2

lenta
tabuľa

klasė
trieda

mokyklos kiemas
školský dvor

mokytojas
učiteľ

popierius
papier

rašyti
písať

rašiklis
pero

rašomasis stalas
písací stôl

liniuotė
pravítko

knyga
kniha

mokinys
žiak

kuprinė

školská taška

penalas

peračník

pieštukas

ceruza

drožtukas

strúhadlo na ceruzky

trintukas

guma

piešimo bloknotas

skicár

piešinys

kresba

teptukas

štetec

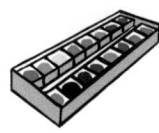

dažų dėžutė

vodové farby

žirklės

nožnice

klijai

lepidlo

vadovėlis

cvičný zošit

namų darbai

domáca úloha

numeris

číslo

pridėti

sčítať

atimti

odčítať

dauginti

násobiť

skaičiuoti

počítať

raidė

písmeno

abėcėlė

abeceda

žodis

slovo

tekstas

text

skaityti

čítať

kreida

krieda

pamoka

hodina

dienynas

triedna kniha

egzaminas

skúška

pažymėjimas

certifikát

mokyklinė uniforma

školská uniforma

išsilavinimas

vzdelanie

enciklopedija

encyklopédia

universitetas

univerzita

mikroskopas

mikroskop

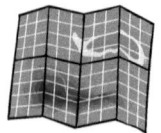

žemėlapis

mapa

šiukšliadėžė

kôš na papier

kelionė
cesta

viešbutis
hotel
Grand
svečių namai
nocľaháreň
ROOMS
valiutos keitykla
zmenáreň
lagaminas
kufor
mašina
auto

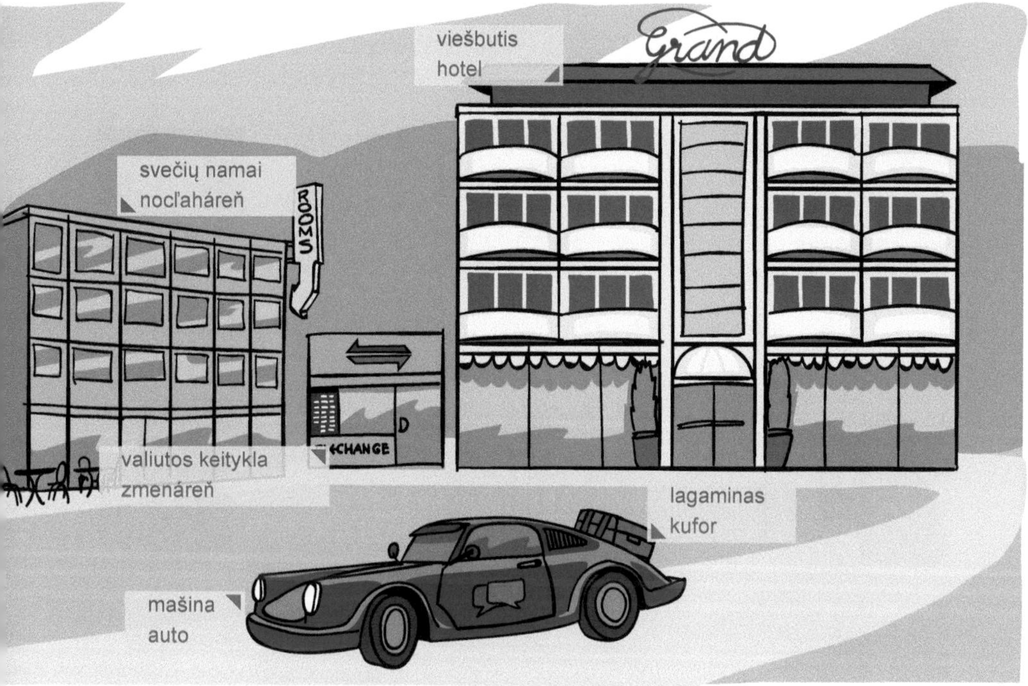

kalba

jazyk

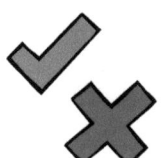

taip / ne

áno/nie

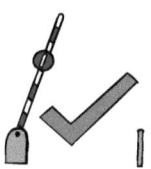

Gerai

v poriadku

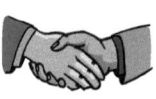

sveiki

ahoj

vertėjas raštu

prekladateľ

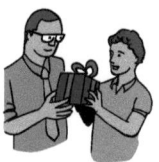

Ačiū

ďakujem

kiek kainuoja...?

Koľko stojí ... ?

aš nesuprantu

Nerozumiem

problema

problém

Labas vakaras!

Dobrý večer!

Labas rytas!

Dobré ráno!

Labos nakties!

Dobrú noc!

viso gero

Dovidenia

kryptis

smer

bagažas

batožina

krepšys

taška

kuprinė

batoh

svečias

hosť

kambarys

izba

miegmaišis

spacák

palapinė

stan

turizmo informacija

informácie pre turistov

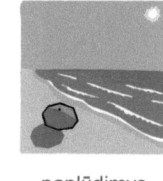

paplūdimys

pláž

kreditinė kortelė

kreditná karta

pusryčiai

raňajky

pietūs

obed

vakarienė

večera

bilietas

cestovný lístok

liftas

výťah

pašto ženklas

poštová známka

siena

hranica

muitinė

clo

ambasada

veľvyslanectvo

viza

vízum

pasas

cestovný pas

transportas
doprava

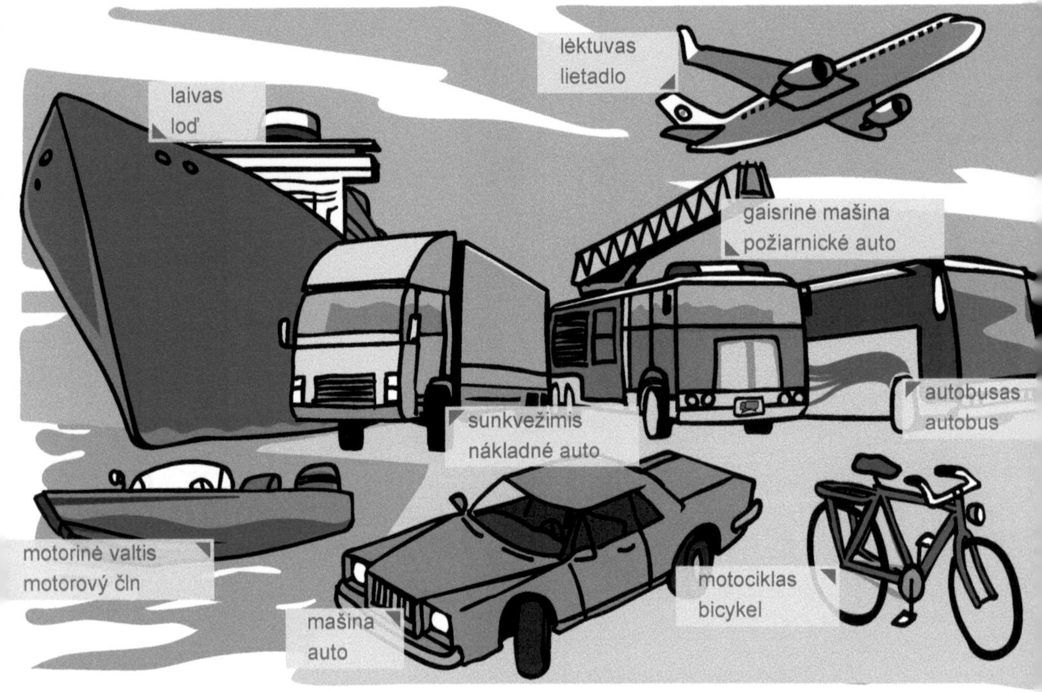

lėktuvas
lietadlo

laivas
loď

gaisrinė mašina
požiarnické auto

sunkvežimis
nákladné auto

autobusas
autobus

motorinė valtis
motorový čln

motociklas
bicykel

mašina
auto

keltas

trajekt

valtis

loď

mopedas

motorka

policijos automobilis

policajné auto

lenktyninis automobilis

pretekárske auto

nuomojamas automobilis

vozidlo z požičovne

bendras automobilio
naudojimas
....
carsharing

techninės pagalbos
automobilis
....
odťahové auto

šiukšliavežė
....
smetiarske auto

variklis
....
motor

degalai
....
benzín

degalinė
....
čerpacia stanica

kelio ženklas
....
dopravná značka

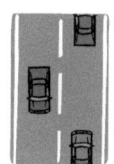

eismas
....
premávka

eismo spūstis
....
zápcha

mašinų stovėjimo aikštelė
....
parkovisko

traukinių stotis
....
vlaková stanica

bėgiai
....
trate

traukinys
....
vlak

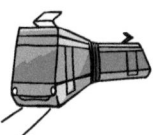

tramvajus
....
električka

vagonas
....
vagón

sraigtasparnis

helikoptéra

oro uostas

letisko

bokštas

veža

keleivis

pasažier

konteineris

kontajner

děže

kartón

vežimėlis

vozík

krepšys

kôš

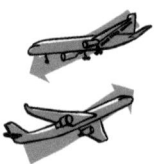

pakilti / nusileisti

štartovať / pristáť

miestas

mesto

kaimas

dedina

miesto centras

centrum mesta

namas

dom

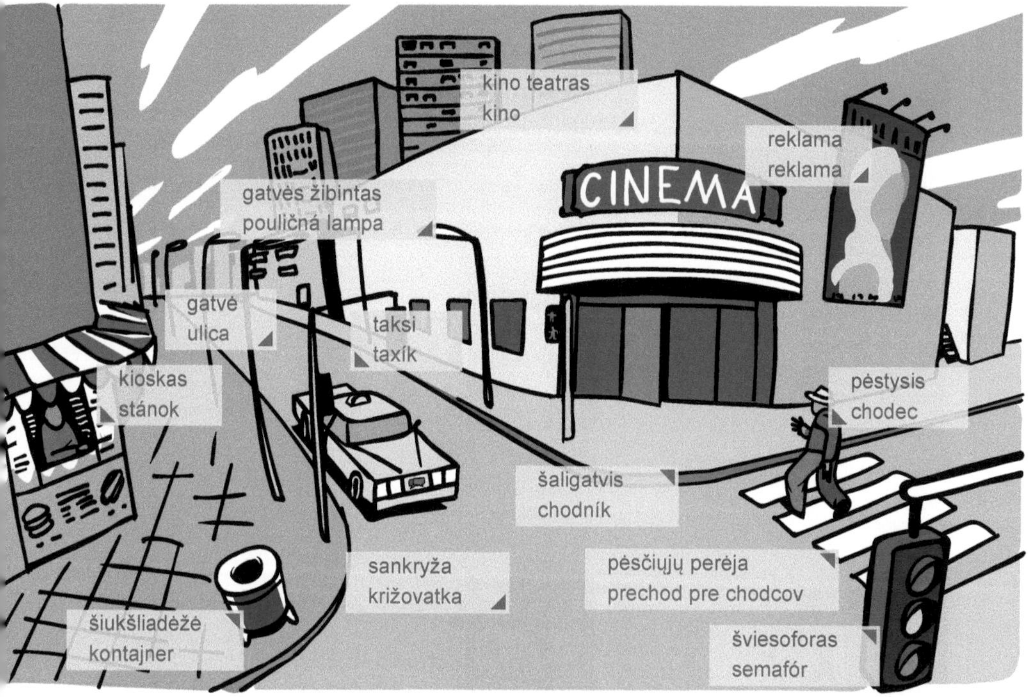

kino teatras
kino

reklama
reklama

gatvės žibintas
pouličná lampa

CINEMA

gatvė
ulica

taksi
taxík

pėstysis
chodec

kioskas
stánok

šaligatvis
chodník

sankryža
križovatka

pėsčiųjų perėja
prechod pre chodcov

šiukšliadėžė
kontajner

šviesoforas
semafór

trobelė
chata

butas
byt

traukinių stotis
vlaková stanica

rotušė
radnica

muziejus
múzeum

mokykla
škola

universitetas
univerzita

bankas
banka

ligoninė
nemocnica

viešbutis
hotel

vaistinė
lekáreň

biuras
kancelária

knygynas
kníhkupectvo

parduotuvė
obchod

gėlių parduotuvė
kvetinárstvo

prekybos centras
supermarket

turgus
trh

universalinė parduotuvė
obchodný dom

žuvies parduotuvė
obchodník s rybami

prekybos centras
nákupné stredisko

uostas
prístav

parkas
park

suoliukas
lavička

tiltas
most

laiptai
schody

metro
metro

tunelis
tunel

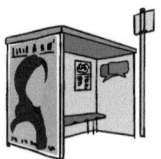

autobusų stotelė
autobusová zastávka

baras
bar

restoranas
reštaurácia

lauko pašto dėžutė
poštová schránka

kelio ženklas
tabuľa s názvom ulice

parkomatas
parkovacie hodiny

zoologijos sodas
ZOO

baseinas
plaváreň

mečetė
mešita

ūkininko ūkis

farma

tarša

znečisťovanie životného
prostredia

kapinės

cintorín

bažnyčia

kostol

žaidimų aikštelė

ihrisko

šventykla

chrám

kraštovaizdis
terén

lapas
list

kelio rodyklė
smerová tabuľa

kelias
cesta

pieva
lúka

akmuo
kameň

ėjikas
turista

medis
strom

upė
rieka

žolė
tráva

gėlė
kvet

slėnis

dolina

kalva

kopec

ežeras

jazero

miškas

les

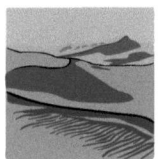

dykuma

púšť

ugnikalnis

vulkán

pilis

zámok

vaivorykštė

dúha

grybas

hríb

palmė

palma

uodas

komár

musė

mucha

skruzdėlė

mravec

bitė

včela

voras

pavúk

vabalas

chrobák

varlė

žaba

voverė

veverička

ežys

jež

kiškis

zajac

pelėda

sova

paukštis

vták

gulbė

labuť

šernas

diviak

elnias

jeleň

briedis

los

užtvanka

hrádza

vėjo jėgainė

veterná turbína

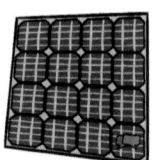

saulės baterija

solárny panel

klimatas

podnebie

restoranas
reštaurácia

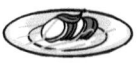

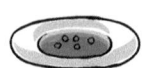

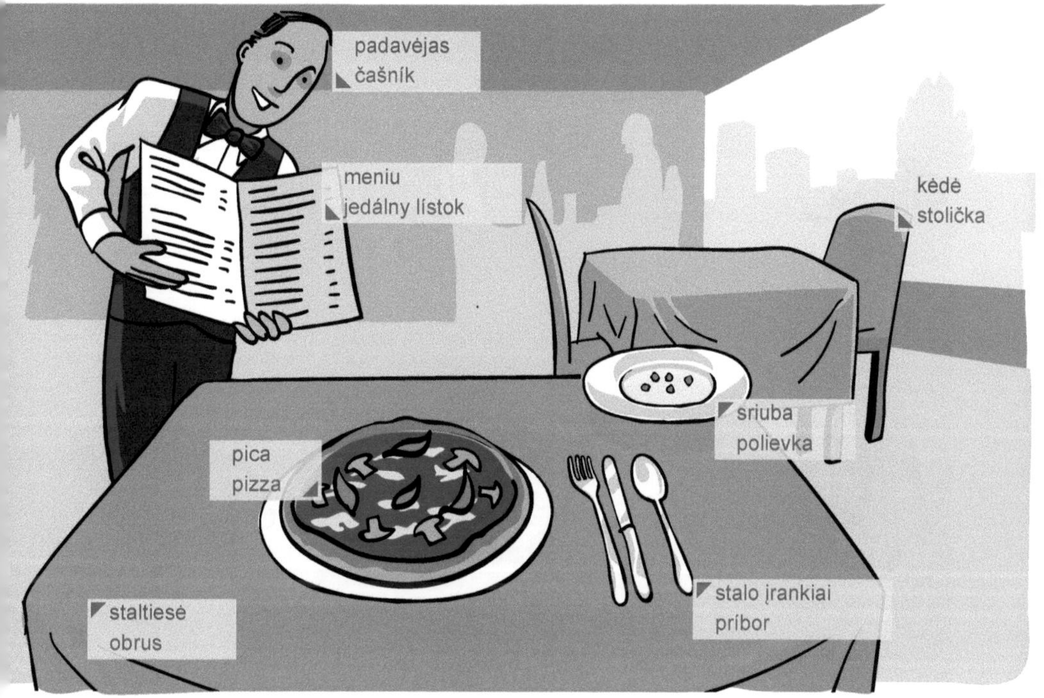
padavėjas
čašník
meniu
jedálny lístok
kėdė
stolička
sriuba
polievka
pica
pizza
stalo įrankiai
príbor
staltiesė
obrus

užkandis

predjedlo

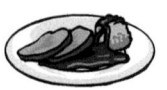

pagrindinis patiekalas

hlavné jedlo

desertas

zákusok

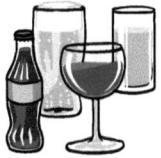

gėrimai

nápoje

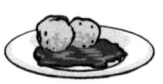

maistas

jedlo

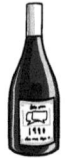

butelis

fľaša

greitai pateikiamas maistas

fast-food

gatvės maistas

street food

arbatinukas

kanvica na čaj

cukrinė

cukornička

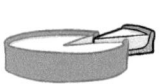

porcija

porcia

espreso aparatas

stroj na espresso

aukšta kėdė

detská stolička

sąskaita

účet

padėklas

podnos

peilis

nôž

šakutė

vidlička

šaukštas

lyžica

arbatinis šaukštelis

čajová lyžička

servetėlė

obrúsok

stiklinė

pohár

lėkštė
tanier

sriubos lėkštė
hlboký tanier

padėklas
podšálka

padažas
omáčka

druskinė
soľnička

pipirų malūnėlis
mlynček na korenie

actas
ocot

aliejus
olej

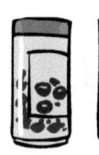

prieskoniai
korenie

kečupas
kečup

garstyčios
horčica

majonezas
majonéza

prekybos centras
supermarket

specialus pasiūlymas
špeciálna ponuka
FOR
pirkėjas
klient
pieno produktai
mliečne výrobky
vaisiai
ovocie
troleibusas
nákupný vozík

BUTCHERS

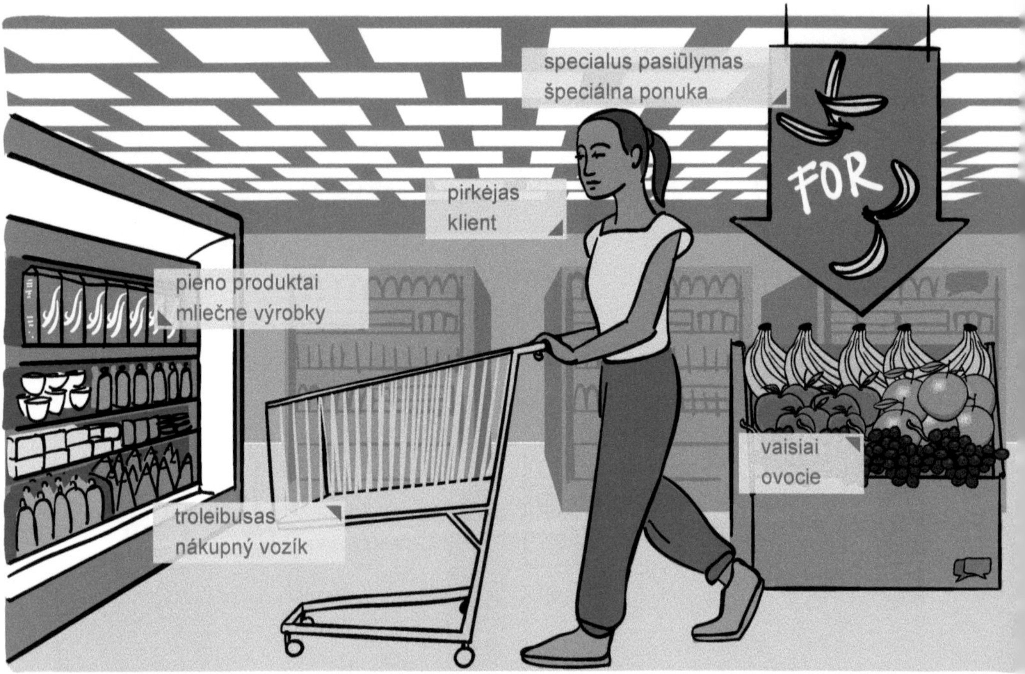

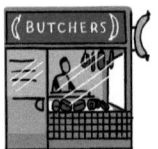

mėsos parduotuvė

mäsiarstvo

BAKERY

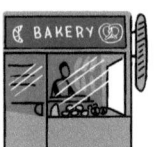

kepykla

pekáreň

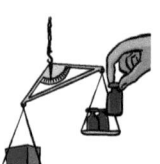

sverti

vážiť

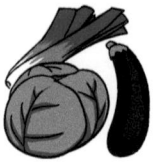

daržovės

zelenina

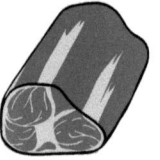

mėsa

mäso

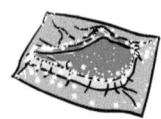

šaldytas maistas

mrazené potraviny

šalti mėsos užkandžiai

nárez

konservai

konzervy

skalbimo milteliai

prací prostriedok

saldumynai

sladkosti

ūkinės prekės

domáce potreby

valymo priemonės

čistiace prostriedky

pardavėja

predavačka

kasos aparatas

pokladňa

kasininkas

pokladník

pirkinių sąrašas

nákupný zoznam

darbo valandos

otváracie hodiny

piniginė

peňaženka

kreditinė kortelė

kreditná karta

maišelis

taška

plastikinis maišelis

plastové vrecko

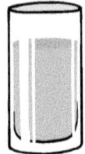

vanduo
voda

sultys
džús

pienas
mlieko

kola
kola

vynas
víno

alus
pivo

alkoholis
alkohol

kakava
kakao

arbata
čaj

kava
káva

espresas
espresso

kapučinas
kapučíno

bananas

banán

obuolys

jablko

apelsinas

pomaranč

arbūzas

melón

citrina

citrón

morka

mrkva

česnakas

cesnak

bambukas

bambus

svogūnas

cibuľa

grybas

hríb

riešutai

orechy

makaronai

rezance

spagečiai

špagety

ryžiai

ryža

salotos

šalát

traškučiai

hranolky

keptos bulvės

pečené zemiaky

pica

pizza

mėsainis

hamburger

sumuštinis

obložený chlebík

pjausnys

rezeň

kumpis

šunka

saliamis

saláma

dešrelė

klobása

vištiena

kurča

kepsnys

pečené mäso

žuvis

ryba

avižų dribsniai

ovsené vločky

dribsniai su priedais

müsli

kukurūzų dribsniai

kukuričné lupienky

miltai

múka

prancūziškasis ragelis

croissant

bandelė

pečivo

duona

chlieb

skrebutis

hrianka

sausainiai

sušienky

sviestas

maslo

varškė

tvaroh

tortas

koláč

kiaušinis

vajce

kiaušinienė

volské oko

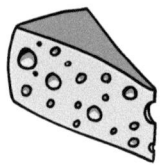

sūris

syr

ledai

zmrzlina

cukrus

cukor

medus

med

uogienė

lekvár

tepamas šokoladas

nugátová nátierka

karis

karí korenie

sodyba
sedliacky dom

šieno kupeta
stoch slamy

klėtis
stodola

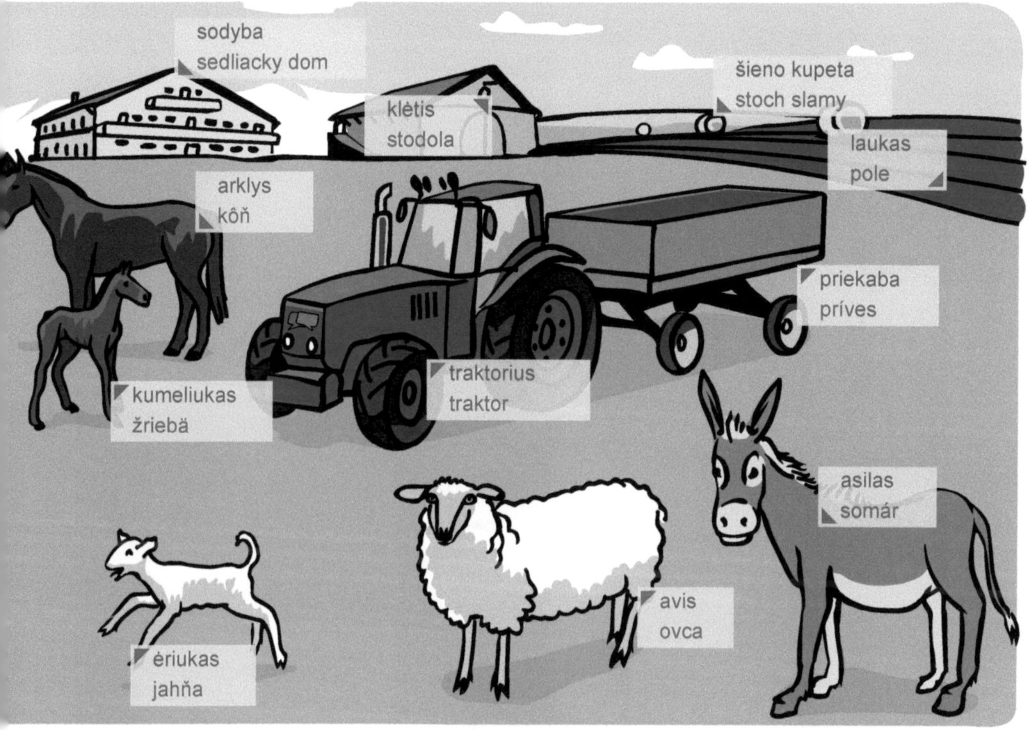

laukas
pole

arklys
kôň

priekaba
príves

traktorius
traktor

kumeliukas
žriebä

asilas
somár

avis
ovca

ériukas
jahňa

ožys	karvė	veršis
koza	krava	teľa

kiaulė	paršelis	bulius
prasa	prasiatko	býk

žąsis

hus

antis

kačica

viščiukas

kuriatko

višta

sliepka

gaidys

kohút

žiurkė

potkan

katė

mačka

pelė

myš

jautis

vôl

šuo

pes

šuns būda

psia búda

sodo namas

záhradná hadica

laistytuvas

krhla

dalgis

kosa

plūgas

pluh

pjautuvas

kosák

kauptukas

motyka

šakės

vidly na hnoj

kirvis

sekera

statinė

fúrik

lovys

koryto

bidonas

kanva na mlieko

maišas

vrece

tvora

plot

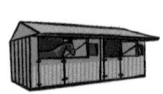

arklidė

maštaľ

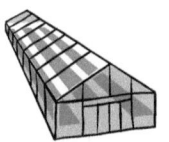

šiltnamis

skleník

dirva

pôda

sėkla

osivo

trąšos

hnojivo

kombainas

kombajn

rinkti
....
žať

derlius
....
žatva

saldžiosios bulvės
....
batát

kviečiai
....
pšenica

soja
....
sója

bulvė
....
zemiak

kukurūzai
....
kukurica

rapsai
....
repka

vaismedis
....
ovocný strom

manijokas
....
maniok

grūdai
....
obilie

kaminas
komín

stogas
strecha

stogvamzdis
dažďový odkvap

langas
okno

garažas
garáž

durų skambutis
zvonček

durys
dvere

šiukšlių dėžė
odpadkový kôš

pašto dėžutė
poštová schránka

sodas
záhrada

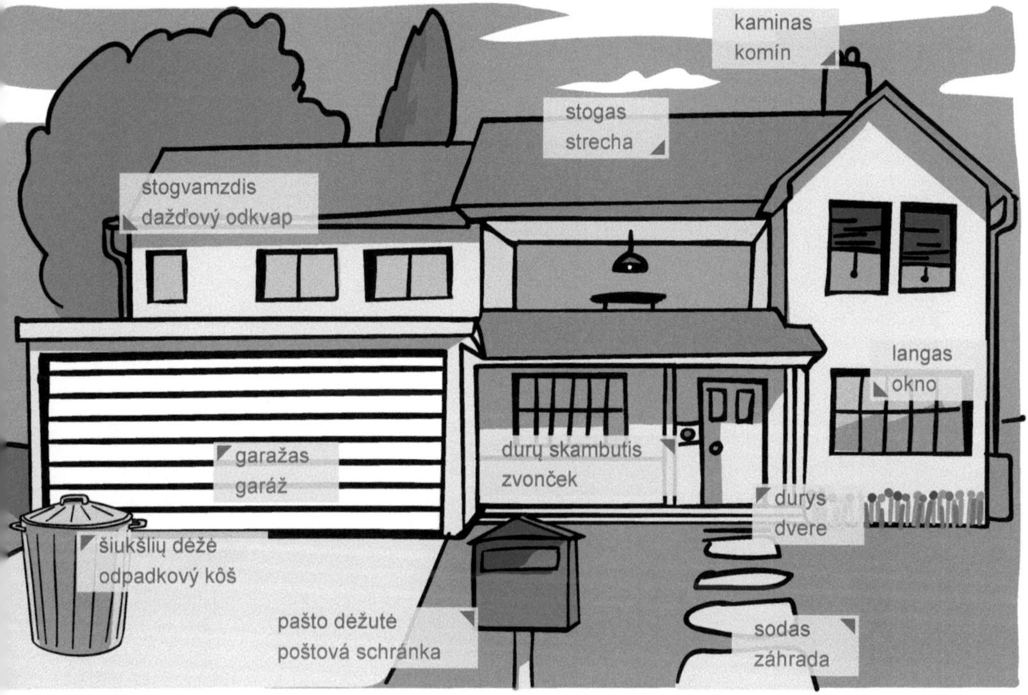

svetainė
....
obývačka

vonios kambarys
....
kúpeľňa

virtuvė
....
kuchyňa

miegamasis
....
spálňa

vaiko kambarys
....
detská izba

valgomasis
....
jedáleň

namas - dom

31

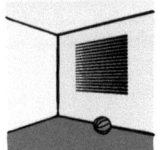

grindys
podlaha

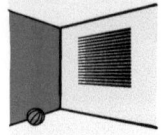

siena
stena

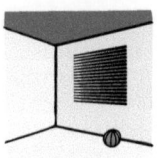

lubos
strop

rūsys
pivnica

sauna
sauna

balkonas
balkón

terasa
terasa

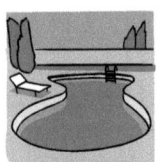

baseinas
bazén

žoliapjovė
kosačka

paklodė
obliečka

lovatiesė
posteľná prikrývka

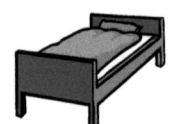

lova
posteľ

šluota
metla

kibiras
vedro

jungiklis
vypínač

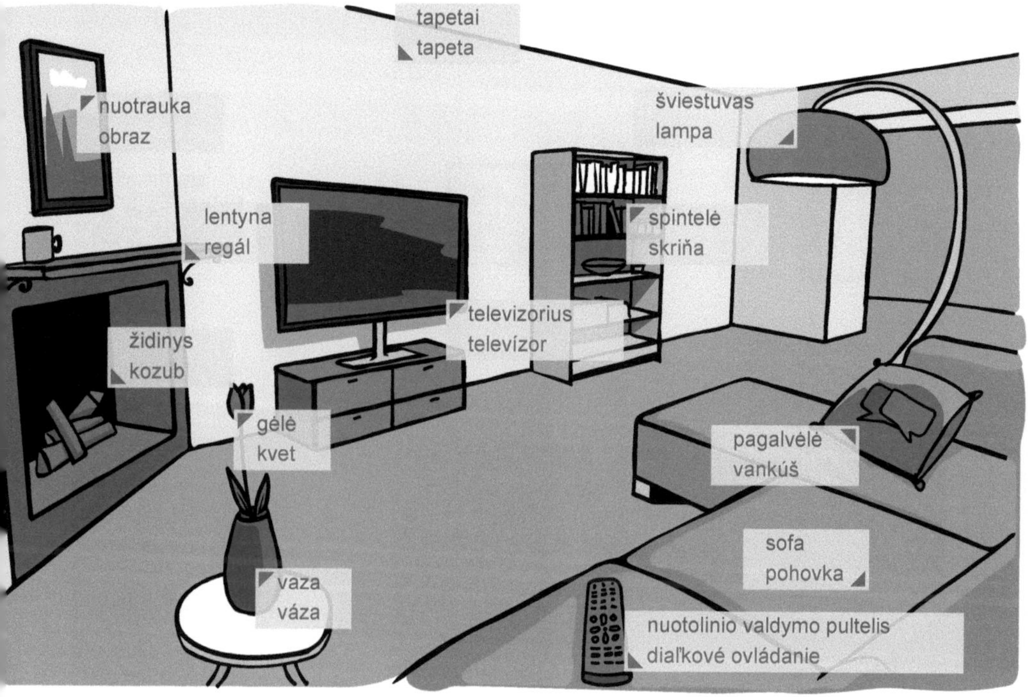

tapetai
tapeta

nuotrauka
obraz

šviestuvas
lampa

lentyna
regál

spintelė
skriňa

židinys
kozub

televizorius
televízor

gėlė
kvet

pagalvėlė
vankúš

vaza
váza

sofa
pohovka

nuotolinio valdymo pultelis
diaľkové ovládanie

kilimas
koberec

užuolaida
záclona

stalas
stôl

kėdė
stolička

supamasis krėslas
hojdacie kreslo

fotelis
kreslo

knyga

kniha

antklodė

prikrývka

papuošimai

dekorácia

malkos

drevo na kúrenie

filmas

film

stereo aparatūra

hi-fi veža

raktas

kľúč

laikraštis

noviny

paveikslas

maľba

plakatas

plagát

radijas

rádio

užrašų knygelė

zápisník

dulkių siurblys

vysávač

kaktusas

kaktus

žvakė

sviečka

virtuvė
kuchyňa

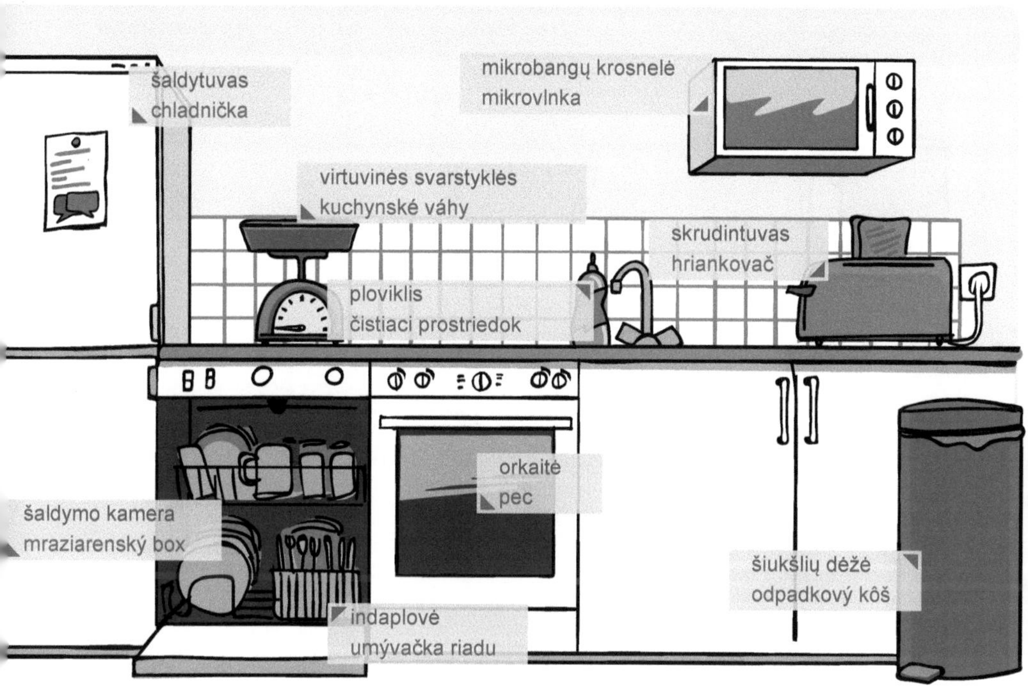
šaldytuvas
chladnička
mikrobangų krosnelė
mikrovlnka
virtuvinės svarstyklės
kuchynské váhy
skrudintuvas
hriankovač
ploviklis
čistiaci prostriedok
orkaitė
pec
šaldymo kamera
mraziarenský box
šiukšlių dėžė
odpadkový kôš
indaplovė
umývačka riadu

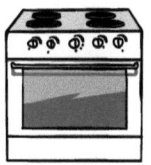

viryklė
....
sporák

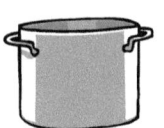

puodas
....
hrniec

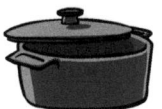

ketaus puodas
....
železný hrniec

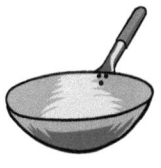

„wok“ keptuvė
....
wok / kadai

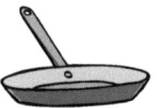

keptuvė
....
panvica

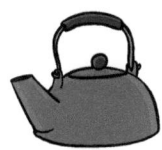

virdulys
....
rýchlovarná kanvica

garų puodas

parný hrniec

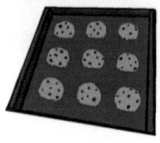

kepimo skarda

plech na pečenie

porceliano indai

riad

puodelis

pohár

dubuo

misa

valgomosios lazdelės

paličky

samtis

naberačka na polievku

mentelė

stierka

plaktuvas

metlička

koštuvas

cedidlo

sietas

sitko

trintuvė

strúhadlo

grūstuvė

mažiar

kepsninė

gril

atvira liepsna

ohnisko

pjaustymo lentelė

doska na krájanie

kočėlas

valček na cesto

kamščiatraukis

vývrtka

skardinė

konzerva

skardinių atidarytuvas

otvárač na konzervy

puodkėlė

chňapka

kriauklė

výlevka

šepetys

kefa

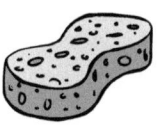

kempinė

hubka

trintuvas

mixér

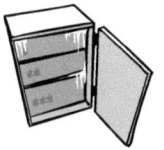

šaldiklis

mraznička

kūdikių buteliukas

kojenecká fľaša

čiaupas

vodovodný kohútik

virtuvė - kuchyňa

vonios kambarys
kúpeľňa

šildymas
kúrenie
rankšluostis
uterák
dušas
sprcha
dušo užuolaidos
sprchový záves
vonios putos
pena do kúpeľa
vonia
vaňa
stiklinė
pohár
skalbimo mašina
práčka
čiaupas
vodovodný kohútik
plytelės
dlaždice
naktinis puodukas
nočník
kriauklė
výlevka

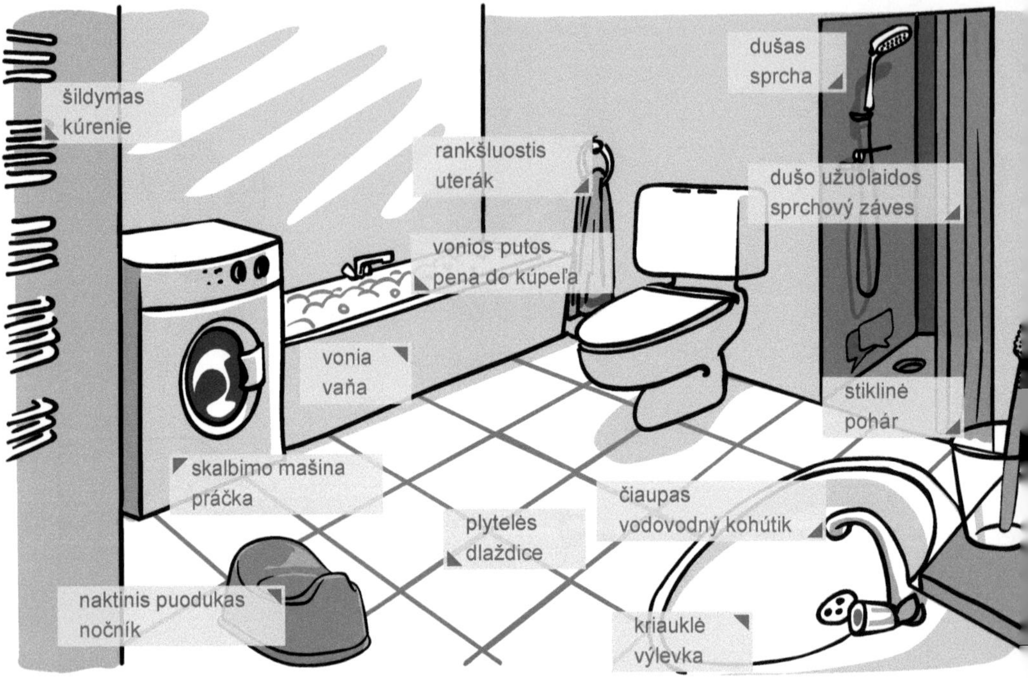

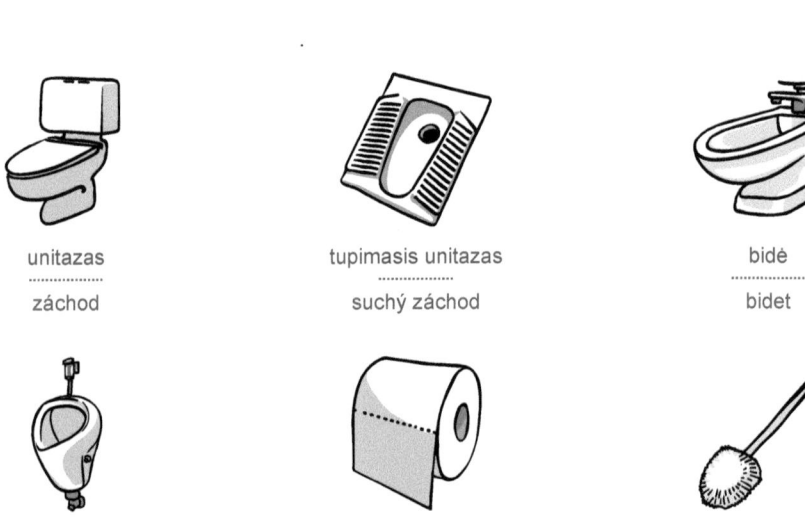

unitazas

záchod

tupimasis unitazas

suchý záchod

bidė

bidet

pisuaras

pisoár

tualetinis popierius

toaletný papier

unitazo šepetys

záchodová kefa

dantų šepetėlis

zubná kefka

dantų pasta

zubná pasta

dantų siūlas

dentálna niť

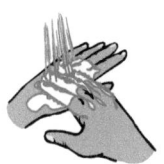

plauti

umývať

dušo galvutė

ručná sprcha

higieninis dušas

sprcha pre intímnu hygienu

praustuvas

umývadlo

nugaros plaušinė

kefa na chrbát

muilas

mydlo

dušo želė

sprchový gél

šampūnas

šampón

plaušinė

frotírová rukavica

kanalizacija

odtok

kremas

krém

dezodorantas

dezodorant

veidrodis
zrkadlo

veidrodėlis
kozmetické zrkadlo

skustuvas
žiletka

skutimosi putos
pena na holenie

losjonas po skutimosi
voda po holení

šukos
hrebeň

šepetys
kefa

plaukų džiovintuvas
sušič vlasov

plaukų lakas
sprej na vlasy

makiažas
make-up

lūpdažis
rúž

nagų lakas
lak na nechty

vata
vata

žirklutės nagams
nožnice na nechty

kvepalai
parfum

maišelis skalbiniams

kozmetická taška

taburetė

stolček

svarstyklės

váha

chalatas

kúpací plášť

guminės pirštinės

gumové rukavice

tamponas

tampón

higieninis įklotas

menštruačná vložka

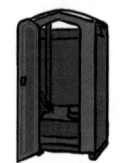

biotualetas

chemické WC

vaiko kambarys
detská izba

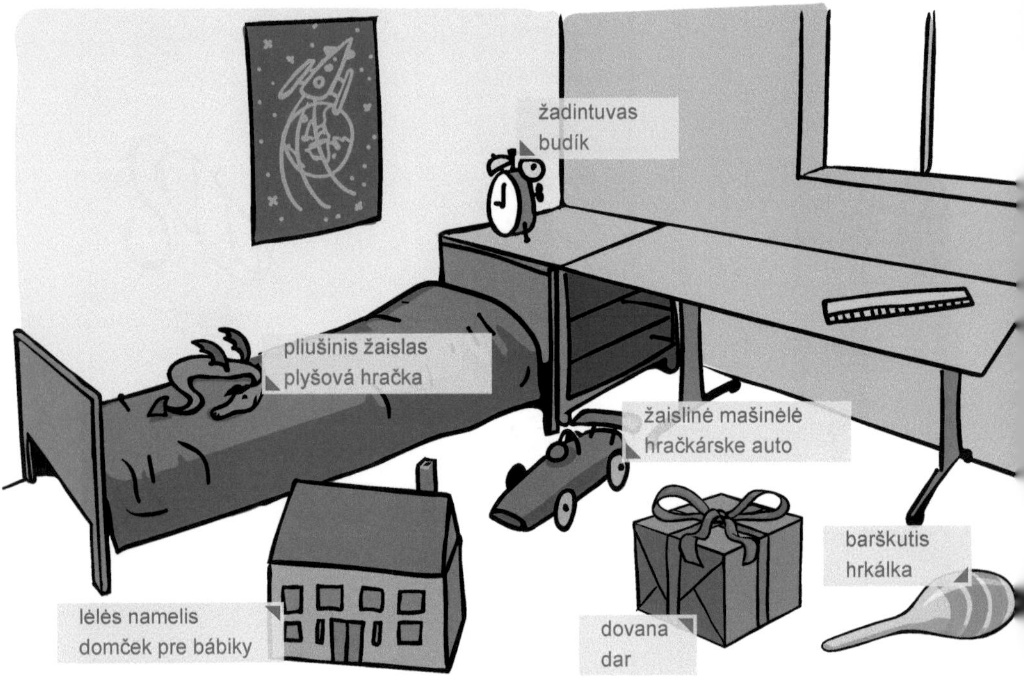
žadintuvas
budík
pliušinis žaislas
plyšová hračka
žaislinė mašinėlė
hračkárske auto
barškutis
hrkálka
lėlės namelis
domček pre bábiky
dovana
dar

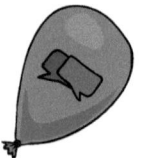

balionas

balón

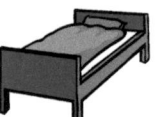

lova

posteľ

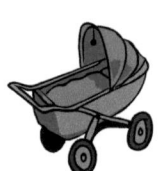

vaikiškas vežimėlis

detský kočík

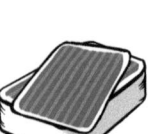

kortų malka

karty

delionė

puzzle

SUPER
MEGA

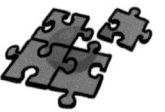

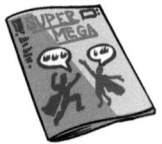

komiksai

komix

lego kaladėlės

skladačka lego

žaislinės kaladėlės

stavebnica

figūrėlė

akčná postavička

šliaužtinukai

dupačky

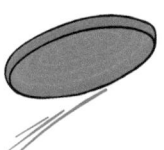

mėtymo lėkštė

lietajúci tanier

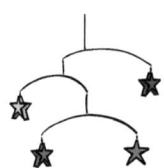

karuselė

závesné hračky

stalo žaidimas

stolová hra

kauliukai

kocka

žaislinis traukinys

modelový vláčik

žindukas

cumlík

vakarėlis

párty

paveiksliukų knygelė

obrázková kniha

kamuolys

lopta

lėlė

bábika

žaisti

hrať sa

smėlio dėžė

pieskovisko

sūpynės

hojdačka

žaislai

hračky

žaidimų konsolė

hracia konzola

triratukas

trojkolka

meškiukas

medvedík

drabužių spinta

šatník

drabužis

šatstvo

kojinės

ponožky

kojinės virš kelių

pančuchy

pėdkelnės

pančuchové nohavičky

šalikas
šál

diržas
opasok

skétis
dáždnik

marškinéliai
tričko

ilgaauliai batai
čižmy

šlepetės
papuče

sportbačiai
tenisky

sandalai
sandále

batai
topánky

guminiai batai
gumáky

trumpikės
spodky

liemenėlė
podprsenka

liemenė
tielko

glaustinukė
body

kelnės
nohavice

džinsai
džínsy

sijonas
sukňa

palaidinė
blúzka

marškiniai
košeľa

megztinis
pulóver

megztinis su gobtuvu
sveter

švarkelis
blejzer

švarkas
bunda

paltas
kabát

lietpaltis
pršiplášť

kostiumas
kostým

suknelė
šaty

vestuvinė suknelė
svadobné šaty

kostiumas

oblek

naktiniai marškiniai

nočná košeľa

pižama

pyžamo

saris

sari

skarelė

šatka na hlavu

tiurbanas

turban

burka

burka

kaftanas

kaftan

abaja

abaja

maudymosi kostiumėlis

dvojdielne plavky

glaudės

plavky

šortai

šortky

sportinis kostiumas

teplaková súprava

prijuostė

zástera

pirštinės

rukavice

drabužis - šatstvo

saga

gombík

akiniai

okuliare

apyrankė

náramok

vėrinys

retiazka

žiedas

prsteň

auskaras

náušnica

kepurė

čiapka

pakabas

vešiak

skrybėlė

klobúk

kaklaraištis

kravata

užtrauktukas

zips

šalmas

prilba

breketai

traky

mokyklinė uniforma

školská uniforma

uniforma

uniforma

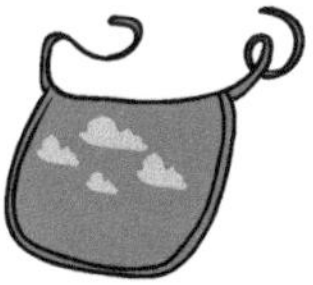

seilinukas

podbradník

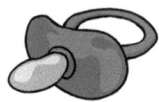

žindukas

cumlík

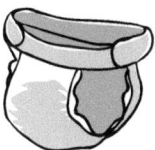

vystyklai

plienka

biuras

kancelária

serveris
server
dokumentų spinta
skriňa na spisy
spausdintuvas
tlačiareň
popierius
papier
vaizduoklis
monitor
rašomasis stalas
písací stôl
pelė
myš
aplankas
zakladač
klaviatūra
klávesnica
šiukšliadėžė
kôš na papier
kompiuteris
počítač
kėdė
stolička

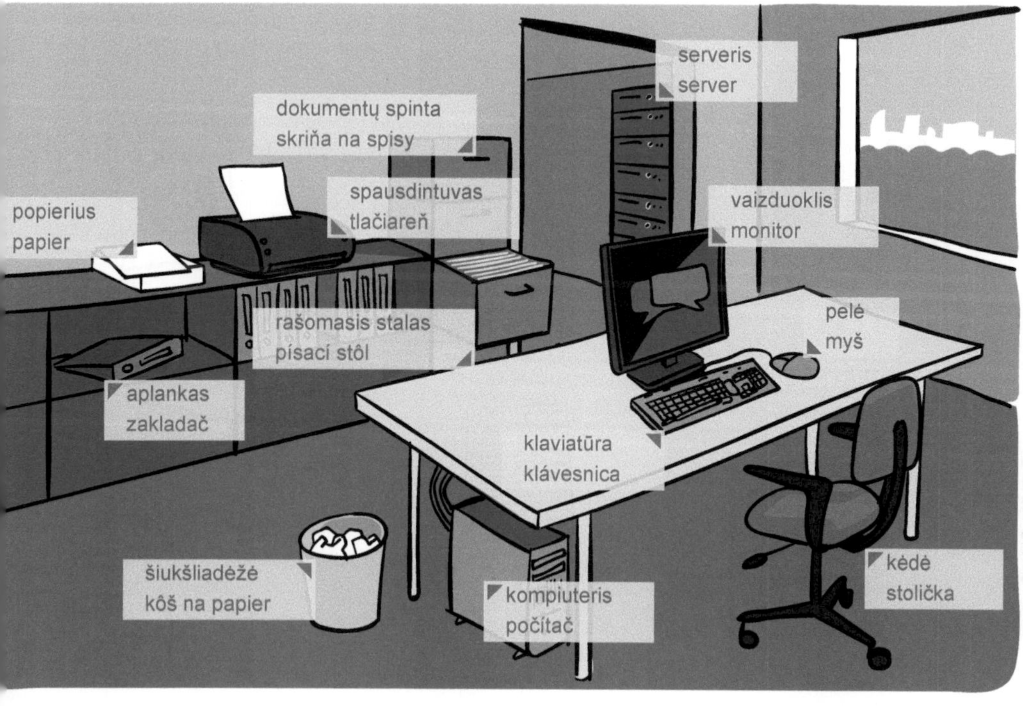

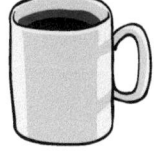

kavos puodelis

hrnček na kávu

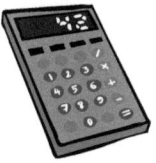

kalkuliatorius

kalkulačka

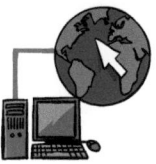

internetas

internet

nešiojamasis kompiuteris

laptop

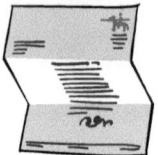

laiškas

list

žinutė

správa

mobilusis telefonas

mobil

tinklas

sieť

fotokopijavimo aparatas

kopírka

programinė įranga

softvér

telefonas

telefón

kištukinis lizdas

elektrická zásuvka

faksas

fax

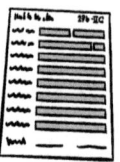

forma

formulár

dokumentas

doklad

pirkti
....
kúpiť

mokėti
....
platiť

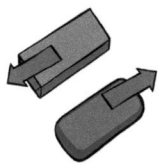

prekiauti
....
obchodovať

pinigai
....
peniaze

USD

doleris
....
dolár

EUR

euras
....
euro

JPY

jena
....
jen

RUB

rublis
....
rubeľ

CHF

Šveicarijos frankas
....
švajčiarsky frank

CNY

juanis
....
čínsky jüan

INR

rupija
....
rupia

bankomatas
....
bankomat

valiutos keitykla

zmenáreň

auksas

zlato

sidabras

striebro

nafta

ropa

energija

energia

kaina

cena

sutartis

zmluva

mokestis

daň

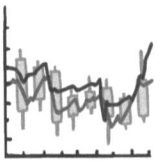

akcijos

akcia

dirbti

pracovať

darbuotojas

zamestnanec

darbdavys

zamestnávateľ

gamykla

továreň

parduotuvė

obchod

profesijos
povolania

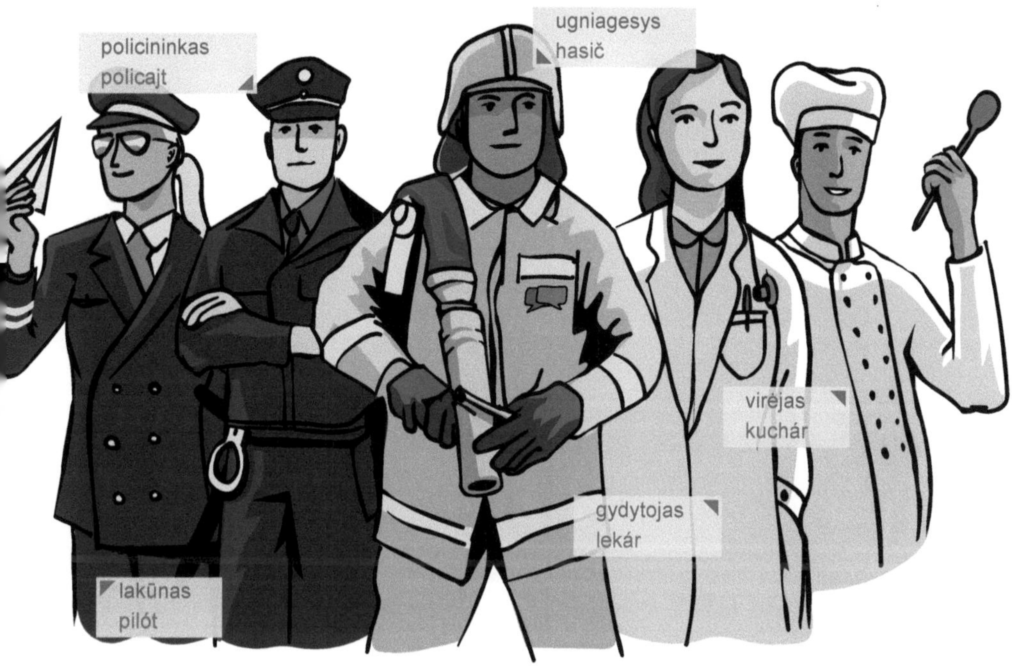
policininkas
policajt
ugniagesys
hasič
virėjas
kuchár
gydytojas
lekár
lakūnas
pilót

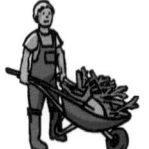

sodininkas

záhradník

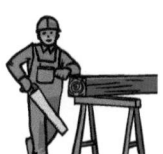

stalius

stolár

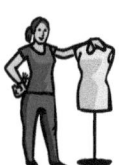

siuvėja

krajčírka

teisėjas

sudca

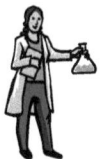

chemikas

chemik

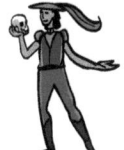

aktorius

herec

autobuso vairuotojas

vodič autobusu

taksi vairuotojas

taxikár

žvejys

rybár

valytoja

upratovačka

stogdengys

pokrývač

padavėjas

čašník

medžiotojas

poľovník

dailininkas

maliar

kepėjas

pekár

elektrikas

elektrikár

statybininkas

stavebný robotník

inžinierius

inžinier

mėsininkas

mäsiar

santechnikas

klampiar

paštininkas

poštár

kareivis
vojak

architektas
architekt

kasininkas
pokladník

gėlininkas
kvetinár

kirpėjas
kaderník

konduktorius
sprievodca

mechanikas
mechanik

kapitonas
kapitán

odontologas
zubár

mokslininkas
vedec

rabinas
rabín

imamas
imám

vienuolis
mních

kunigas
farár

įrankiai
náradie

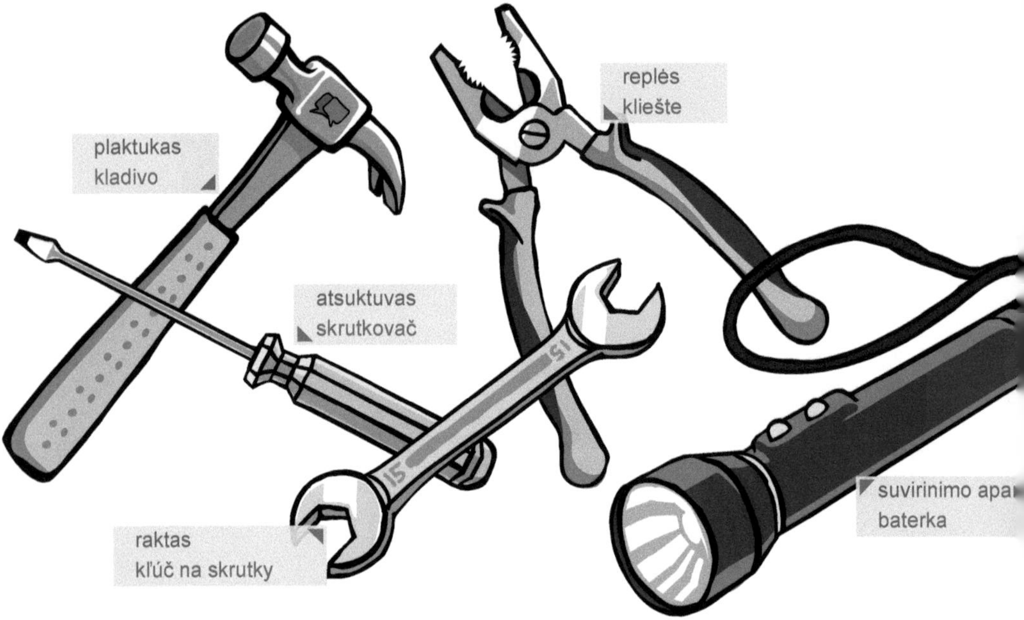
plaktukas
kladivo
replės
kliešte
atsuktuvas
skrutkovač
raktas
kľúč na skrutky
suvirinimo apa
baterka

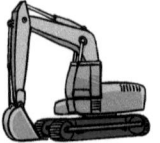

ekskavatorius

bager

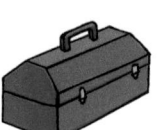

įrankių dėžė

súprava náradia

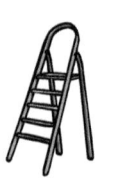

kopėčios

rebrík

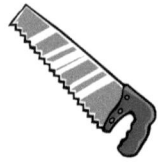

pjūklas

pílka

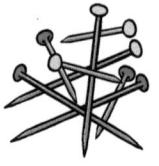

vinys

klince

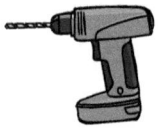

grąžtas

vrták

taisyti

opraviť

kastuvas

lopata

Velniava!

Do čerta!

semtuvėlis

lopatka na smeti

dažų skardinė

nádoba s farbou

varžtai

skrutky

muzikos instrumentai
hudobné nástroje

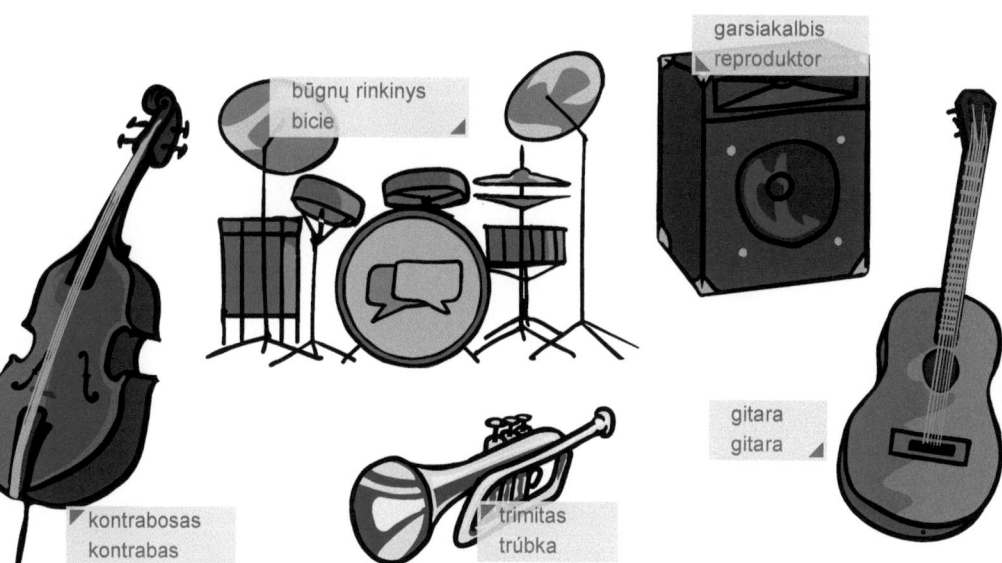

garsiakalbis
reproduktor

būgnų rinkinys
bicie

gitara
gitara

kontrabosas
kontrabas

trimitas
trúbka

pianinas

klavír

smuikas

husle

bosinė gitara

basa

timpanas

tympany

būgnai

bubon

sintezatorius

klávesnica

saksofonas

saxofón

fleita

flauta

mikrofonas

mikrofón

zoologijos sodas
ZOO

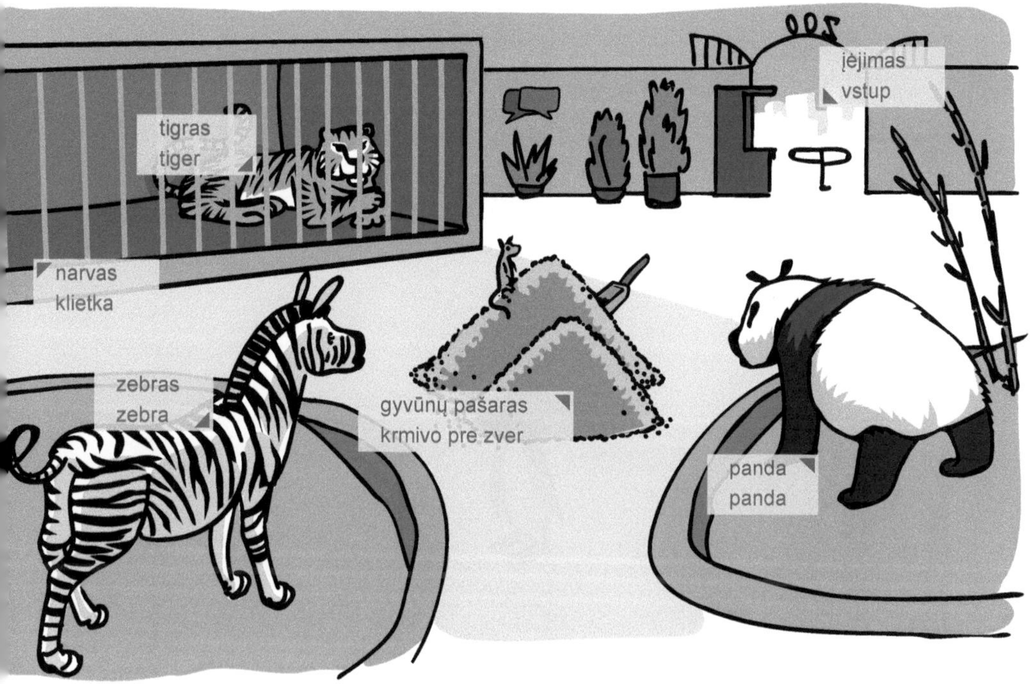
tigras
tiger
įėjimas
vstup
narvas
klietka
zebras
zebra
gyvūnų pašaras
krmivo pre zver
panda
panda

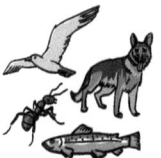

gyvūnai

zvieratá

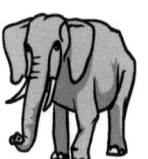

dramblys

slon

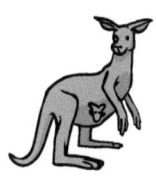

kengūra

klokan

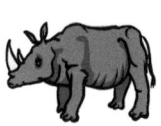

raganosis

nosorožec

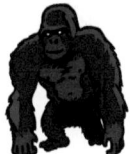

gorila

gorila

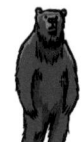

meška

medveď

kupranugaris

ťava

strutis

pštros

liūtas

lev

beždžionė

opica

flamingas

plameniak

papūga

papagáj

baltoji meška

ľadový medveď

pingvinas

tučniak

ryklys

žralok

povas

páv

gyvatė

had

krokodilas

krokodíl

zoologijos sodo prižiūrėtojas

ošetrovateľ v ZOO

ruonis

tuleň

jaguaras

jaguár

ponis
poník

leopardas
leopard

begemotas
hroch

žirafa
žirafa

erelis
orol

šernas
diviak

žuvis
ryba

vėžlys
korytnačka

vėplys
mrož

lapė
líška

gazelė
gazela

amerikietiškas futbolas
americký futbal

dviračių sportas
cyklistika

tenisas
tenis

krepšinis
basketbal

plaukimas
plávanie

boksas
box

ledo ritulys
hokej

futbolas
....
futbal

badmintonas
....
bedminton

atletika
....
ľahká atletika

rankinis
....
hádzaná

slidinėjimas
....
lyžovanie

polas
....
pólo

juoktis
smiať sa

šokinėti
skočiť

apkabinti
objať

vaikščioti
chodiť

dainuoti
spievať

svajoti
snívať

melstis
modliť sa

bučiuoti
pobozkať

rašyti
písať

piešti
kresliť

rodyti
ukázať

stumti
tlačiť

duoti
dať

imti
brať

turėti

mať

daryti

robiť

būti

byť

stovėti

stáť

bėgti

bežať

traukti

ťahať

mesti

hádzať

kristi

padnúť

meluoti

ležať

laukti

čakať

nešti

nosiť

sėdėti

sedieť

rengtis

obliecť sa

miegoti

spať

pabusti

zobudiť sa

žiūrėti

pozerať

verkti

plakať

glostyti

hladkať

šukuoti

česať

kalbėti

hovoriť

suprasti

rozumieť

paklausti

pýtať sa

klausytis

počuť

gerti

piť

valgyti

jesť

tvarkytis

upratať

mylėti

milovať

gaminti

variť

vairuoti

jazdiť

skristi

letieť

buriuoti

plachtiť

skaičiuoti

počítať

skaityti

čítať

mokytis

učiť sa

dirbti

pracovať

vesti

oženiť

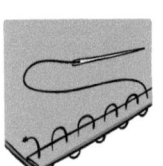

siūti

šiť

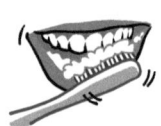

valytis dantis

čistiť zuby

žudyti

zabiť

rūkyti

fajčiť

siųsti

poslať

šeima
rodina

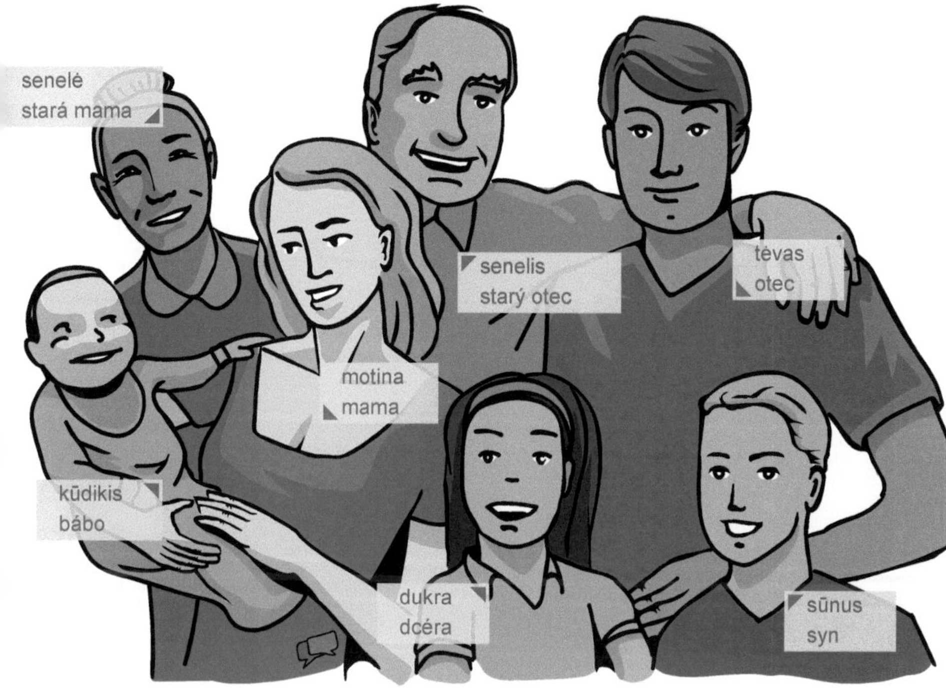
senelė
stará mama
senelis
starý otec
tėvas
otec
motina
mama
kūdikis
bábo
dukra
dcéra
sūnus
syn

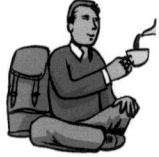

svečias

hosť

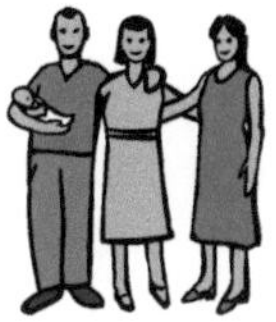

teta

teta

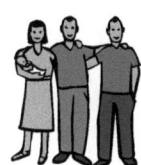

dėdė

strýko

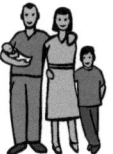

brolis

brat

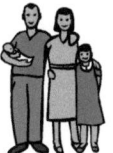

sesuo

sestra

kakta
čelo

akis
oko

veidas
tvár

smakras
brada

krūtinė
hruď

petys
plece

pirštas
prst

plaštaka
ruka

koja
noha

ranka
rameno

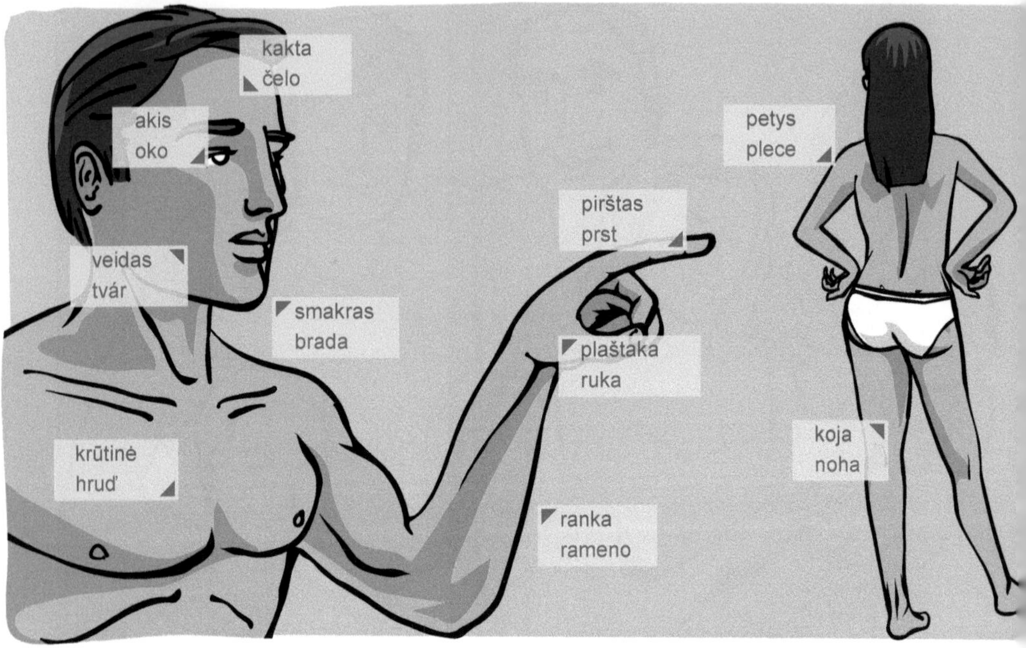

kūdikis

bábo

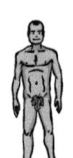

vyras

muž

moteris

žena

mergaitė

dievča

berniukas

chlapec

galva

hlava

kūnas - telo

nugara

chrbát

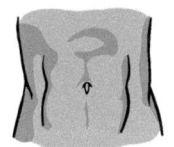

pilvas

brucho

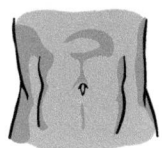

bamba

pupok

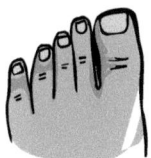

kojos pirštas

prst na nohe

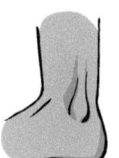

kulnas

päta

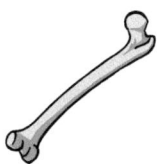

kaulas

kosť

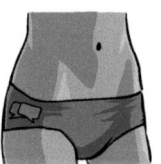

klubas

bok

kelis

koleno

alkūnė

lakeť

nosis

nos

sėdmenys

zadok

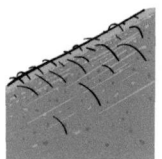

oda

koža

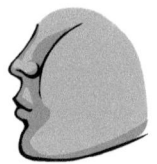

skruostas

líce

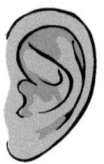

ausis

ucho

lūpa

pery

burna

ústa

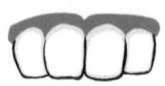

dantis

zub

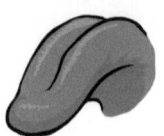

liežuvis

jazyk

smegenys

mozog

širdis

srdce

raumuo

svaly

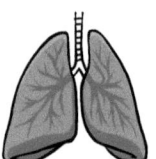

plaučiai

pľúca

kepenys

pečeň

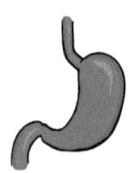

skrandis

žalúdok

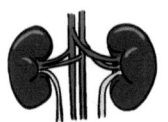

inkstai

obličky

seksas

pohlavný styk

prezervatyvas

kondóm

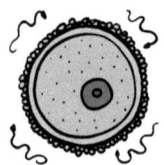

kiaušialąstė

vaječná bunka

sperma

semeno

nėštumas

tehotenstvo

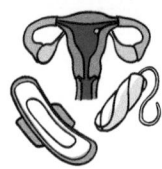

menstruacijos

menštruácia

makštis

vagína

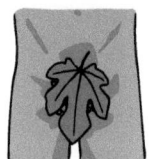

varpa

penis

antakis

obočie

plaukai

vlasy

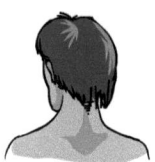

kaklas

krk

ligoninė
nemocnica

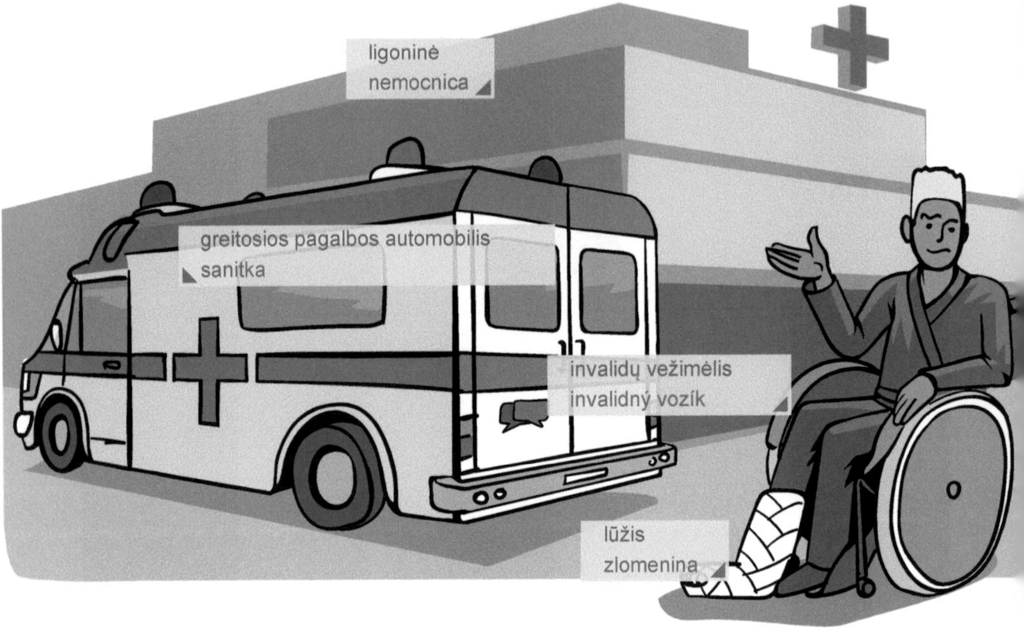

ligoninė
nemocnica
greitosios pagalbos automobilis
sanitka
invalidų vežimėlis
invalidný vozík
lūžis
zlomenina

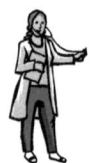

gydytojas

lekár

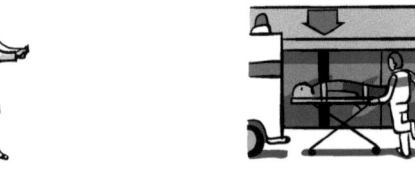

skubios pagalbos skyrius

urgentný príjem

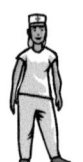

slaugytoja

sestrička

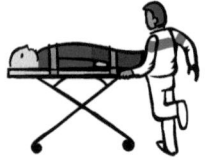

nelaimingas atsitikimas

urgentný prípad

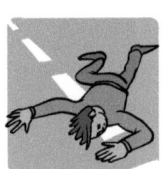

be sąmonės

v bezvedomí

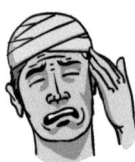

skausmas

bolesť

sužalojimas

zranenie

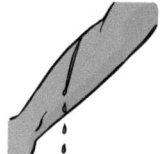

kraujavimas

krvácanie

širdies smūgis

srdcový infarkt

insultas

mozgová porážka

alergija

alergia

kosulys

kašeľ

karščiavimas

teplota

gripas

chrípka

viduriavimas

hnačka

galvos skausmas

bolesť hlavy

vėžys

rakovina

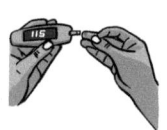

diabetas

cukrovka

chirurgas

chirurg

skalpelis

skalpel

operacija

operácia

KT
CT

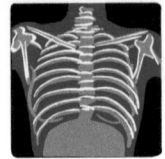

rentgenas
RTG

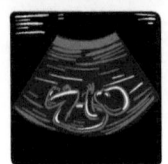

ultragarsas
ultrazvuk

veido kaukė
maska

liga
choroba

laukiamasis
čakáreň

ramentas
barla

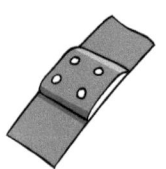

gipsas
náplasť

tvarstis
obväz

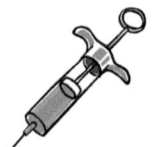

injekcija
injekcia

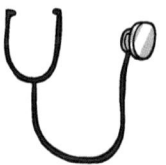

stetoskopas
fonendoskop

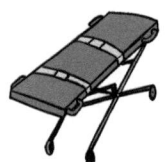

neštuvai
nosidlá

termometras
teplomer

gimimas
pôrod

antsvoris
nadváha

klausos aparatas

audiofón

dezinfekavimo priemonė

dezinfekčný prostriedok

infekcija

infekcia

virusas

vírus

ŽIV / AIDS

HIV / AIDS

vaistas

medicína

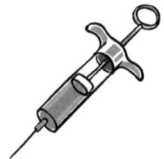

skiepijimas

očkovanie

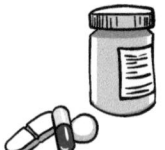

tabletės

tabletky

piliulė

antikoncepčná pilulka

kubios pagalbos numeris

tiesňové volanie

kraujospūdžio matuoklis

tlakomer

ligotas / sveikas

chorý / zdravý

Padėkite!

Pomoc!

pavojaus signalas

alarm

užpuolimas

prepad

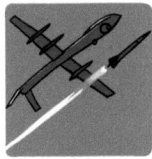

ataka

útok

pavojus

nebezpečenstvo

avarinis išėjimas

núdzový východ

Gaisras!

Horí!

gesintuvas

hasičský prístroj

nelaimingas atsitikimas

nehoda

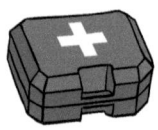

pirmosios pagalbos rinkinys

kufrík prvej pomoci

SOS

SOS

policija

polícia

Europa

Európa

Šiaurės Amerika

Severná Amerika

Pietų Amerika

Južná Amerika

Afrika

Afrika

Azija

Ázia

Australija

Austrália

Atlanto vandenynas

Atlantický oceán

Ramusis vandenynas

Tichý oceán

Indijos vandenynas

Indický oceán

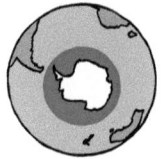

Pietų vandenynas

Južný oceán

Arkties vandenynas

Severný ľadový oceán

Šiaurės ašigalis

Severný pól

Pietų ašigalis

Južný pól

Antarktida

Antarktída

Žemė

Zem

sausuma

krajina

jūra

more

sala

ostrov

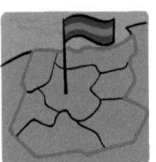

tauta

národ

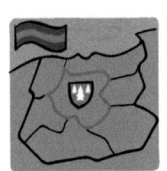

valstybė

štát

ciferblatas

ciferník

valandinė rodyklė

hodinová ručička

minutinė rodyklė

minútová ručička

sekundinė rodyklė

sekundová ručička

Kiek valandų?

Koľko je hodín?

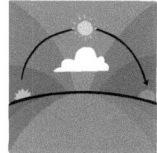

diena

deň

laikas

čas

dabar

teraz

skaitmeninis laikrodis

digitálne hodiny

minutė

minúta

valanda

hodina

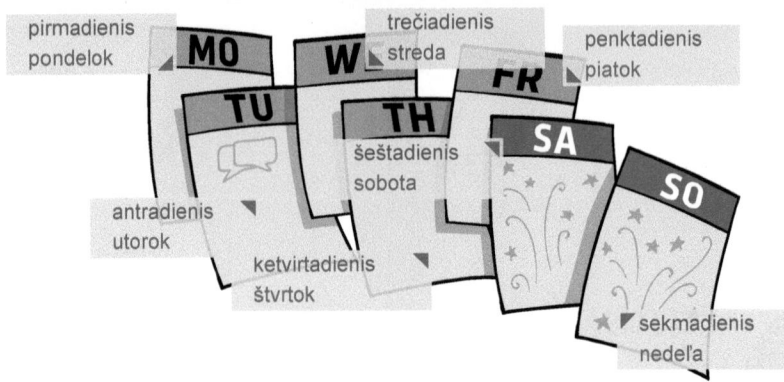

pirmadienis
pondelok

trečiadienis
streda

penktadienis
piatok

antradienis
utorok

šeštadienis
sobota

ketvirtadienis
štvrtok

sekmadienis
nedeľa

vakar

včera

šiandien

dnes

rytoj

zajtra

rytas

ráno

vidurdienis

poludnie

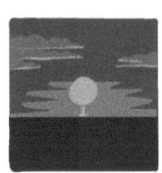

vakaras

večer

MO	TU	WE	TH	FR	SA	SU
1	2	3	4	5	6	7
8	9	10	11	12	13	14
15	16	17	18	19	20	21
22	23	24	25	26	27	28
29	30	31	1	2	3	4

darbo dienos

pracovné dni

MO	TU	WE	TH	FR	SA	SU
1	2	3	4	5	6	7
8	9	10	11	12	13	14
15	16	17	18	19	20	21
22	23	24	25	26	27	28
29	30	31	1	2	3	4

savaitgalis

víkend

metai
rok

lietus
dážď
vaivorykštė
dúha
sniegas
sneh
vėjas
vietor
pavasaris
jar
ruduo
jeseň
vasara
leto
žiema
zima

4.APRIL 11°
5.APRIL 4°
6.APRIL 13°
7.APRIL 8°
8.APRIL 10°

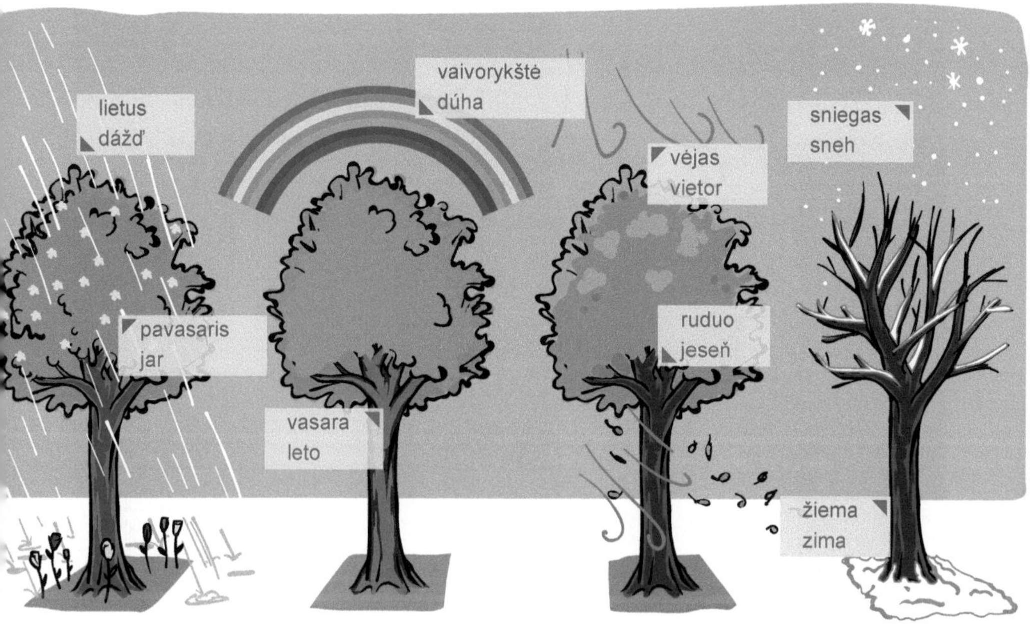

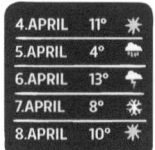

orų prognozė

predpoveď počasia

F C
120 90 60 30 0 -30
40 30 20 10 0 -10 -20

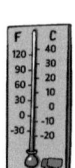

lauko termometras

teplomer

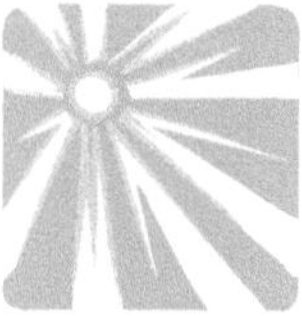

saulės šviesa

slnečný svit

debesis

oblak

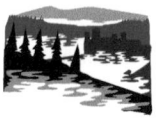

rūkas

hmla

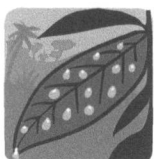

drėgmė

vlhkosť vzduchu

žaibas

blesk

griaustinis

hrom

audra

búrka

kruša

krúpy

musonas

monzún

potvynis

záplava

ledas

ľad

sausis

január

vasaris

február

kovas

marec

balandis

apríl

gegužė

máj

birželis

jún

liepa

júl

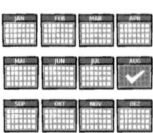

rugpjūtis

august

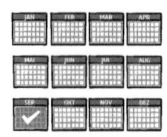

rugsėjis
....
september

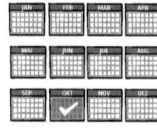

spalis
....
október

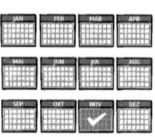

lapkritis
....
november

gruodis
....
december

formos
tvary

apskritimas
....
kruh

kvadratas
....
štvorec

stačiakampis
....
obdĺžnik

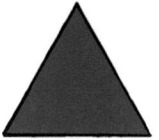

trikampis
....
trojuholník

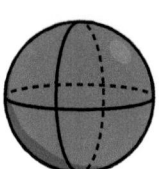

sfera
....
guľa

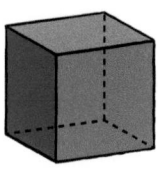

kubas
....
kocka

balta
....
biela

geltona
....
žltá

oranžinė
....
oranžová

rožinė
....
ružová

raudona
....
červená

violetinė
....
fialová

mėlyna
....
modrá

žalia
....
zelená

ruda
....
hnedá

pilka
....
šedá

juoda
....
čierna

daug / mažai

veľa / málo

piktas / ramus

zúrivý / pokojný

gražus / bjaurus

pekný / škaredý

pradžia / pabaiga

začiatok / koniec

didelis / mažas

veľký / malý

šviesus / tamsus

svetlý / tmavý

brolis / sesuo

brat / sestra

švarus / purvinas

čistý / špinavý

užbaigtas / neužbaigtas

úplný / neúplný

diena / naktis

deň / noc

miręs / gyvas

mŕtvy / živý

platus / siauras

široký / úzky

valgomas / nevalgomas

chutný / nechutný

piktas / malonus

zlostný / láskavý

linksmas / nuobodus

vzrušený / unudený

storas / plonas

tlstý / chudý

pirmiausia / paskiausia

prvý / posledný

draugas / priešas

priateľ / nepriateľ

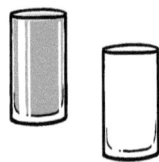

pilnas / tuščias

plný / prázdny

kietas / minkštas

tvrdý / mäkký

sunkus / lengvas

ťažký / ľahký

alkis / troškulys

hlad / smäd

ligotas / sveikas

chorý / zdravý

nelegalus / legalus

nelegálny / legálny

protingas / kvailas

inteligentný / hlúpy

kairė / dešinė

vľavo / vpravo

arti / toli

blízko / ďaleko

naujas / naudotas
nový / použitý

niekas / kažkas
nič / niečo

senas / jaunas
starý / mladý

įjungta / išjungta
zapnuté / vypnuté

atidaryta / uždaryta
otvorené / zatvorené

tylus / garsus
tichý / hlasný

liūdnas / laimingas

teisus / neteisus
správne / nesprávne

šiurkštus / švelnus
drsný / hladký

turtingas / vargšas
bohatý / chudobný

liūdnas / laimingas
smutný / šťastný

trumpas / ilgas
krátky / dlhý

lėtas / greitas
pomaly / rýchlo

drėgnas / sausas
mokrý / suchý

šiltas / šaltas
teplý / studený

karas / taika
vojna / mier

0	**1**	**2**
nulis	vienas	du
nula	jeden	dva

3	**4**	**5**
trys	keturi	penki
tri	štyri	päť

6	**7**	**8**
šeši	septyni	aštuoni
šesť	sedem	osem

9	**10**	**11**
devyni	dešimt	vienuolika
deväť	desať	jedenásť

12

dvylika

dvanásť

13

trylika

trinásť

14

keturiolika

štrnásť

15

penkiolika

pätnásť

16

šešiolika

šestnásť

17

septyniolika

sedemnásť

18

aštuoniolika

osemnásť

19

devyniolika

devätnásť

20

dvidešimt

dvadsať

100

šimtas

sto

1.000

tūkstantis

tisíc

1.000.000

milijonas

milión

anglų

angličtina

amerikiečių anglų

americká angličtina

kinų (mandarinų)

mandarínska čínština

hindi

hindčina

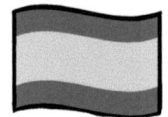

ispanų

španielčina

prancūzų

francúzština

arabų

arabčina

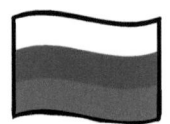

rusų

ruština

portugalų

portugalčina

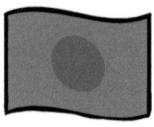

bengalų

bengálčina

vokiečių

nemčina

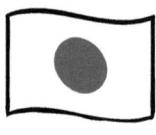

japonų

japončina

aš
ja

tu
ty

jis / ji
on/ona/ono

mes
my

jūs
vy

jie
oni

kas?
kto?

ką?
čo?

kaip?
ako?

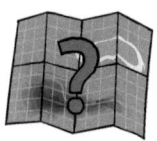

kur?
kde?

kada?
kedy?

vardas
meno

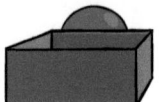

už
....
za

kur (vieta)
....
v

priešais
....
pred

virš
....
nad

ant
....
na

po
....
pod

prie
....
vedľa

tarp
....
medzi

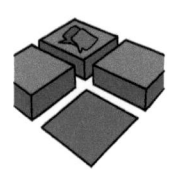

vieta
....
miesto